Inhalt

- 2 In der Schule
- 6 **Bist du fit?**
- 8 Im Herbst
- 13 Meine Wünsche und Träume
- 18 **Bist du fit?**
- 20 Miteinander leben
- 25 Im Winter
- 30 **Bist du fit?**
- 32 Von Tieren und Menschen
- 36 Kreuz und quer durch unser Land
- 40 **Bist du fit?**
- 42 Seltsames und Interessantes
- 46 Im Frühling
- 50 **Bist du fit?**
- 52 Unsere Welt
- 56 Mit Medien leben
- 60 **Bist du fit?**
- 62 Für Krimiliebhaber und Gruselfans
- 66 Im Sommer
- 70 **Bist du fit?**

In der Schule

Ein Logo für die Schule

1 Entscheide dich für ein Logo! Kreuze es an!

2 Sammle verschiedene Argumente für deine Wahl des Logos!

Mir gefällt es, weil

3 Entwirf ein Logo für deine Schule! Begründe deinen Entwurf!

⭐ Warum haben viele Schulen ein Logo? Finde es heraus!

In der Schule

Präsens und Präteritum

1 Markiere alle Verben im Text!

Nach den Ferien gab es eine große Überraschung.
Fleißige Handwerker renovierten die Schule.
Am ersten Schultag staunten die Schüler über viele neue Dinge.
Die Klassenzimmer sind jetzt hell und freundlich.
Neue Möbel schmücken die Aula.
Auf dem Schulhof steht ein großes Klettergerüst aus Holz.
Einige Eltern unterstützten die Arbeiten. Auch viele Lehrer halfen tüchtig mit.
Heute, am ersten Schultag nach den Ferien, erhalten die Schüler
eine interessante Aufgabe.
Gestaltet ein Logo für die neue, schöne Schule.

2 Ordne die Verben der richtigen Zeitform zu!

Präteritum: **Präsens:**

_____ _____

_____ _____

_____ _____

_____ _____

 3 Bilde zu allen Verbformen aus Aufgabe 2 die Grundform!
Schau im Wörterbuch nach und schreibe eine weitere gebeugte Verbform
(Personalform) dazu!

geben – er gibt,

⭐ Wähle ein Verb aus dem Text aus! Schreibe alle Formen des Präteritums auf!
Markiere den Wortstamm!

In der Schule

Perfekt

1 Vervollständige den Lückentext!
Setze die Verbformen im Perfekt richtig ein!

Nach der Renovierung der Schule _____

alle ein Logo _____. Jeder Schüler

_____ auf die Suche _____

und _____ Ideen _____.

Selinas Vorschlag _____ _____.

„Warum _____ du ein Märchenbuch

_____?", fragt Felix.

„Ich _____ alle Kinder _____.

Viele mögen die Märchen der Brüder Grimm."

In unseren Lesebüchern _____ einige _____.

haben oder **sein**
suchen
gehen
sammeln
gewinnen
wählen
fragen
aufschreiben

2 Bilde die jeweils richtige gebeugte Form der Verben!

| **Grundform:** wünschen | **Präsens:** du _____ |
| **Präteritum:** du _____ | **Perfekt:** du _____ |

| **Grundform:** essen | **Präsens:** ihr _____ |
| **Präteritum:** ihr _____ | **Perfekt:** ihr _____ |

| **Grundform:** riechen | **Präsens:** er _____ |
| **Präteritum:** er _____ | **Perfekt:** er _____ |

| **Grundform:** wählen | **Präsens:** wir _____ |
| **Präteritum:** wir _____ | **Perfekt:** wir _____ |

| **Grundform:** sammeln | **Präsens:** ich _____ |
| **Präteritum:** ich _____ | **Perfekt:** ich _____ |

★ Schreibe den Satz im Präteritum und Perfekt auf!

Die Schüler der Klasse 4a drucken das neue Schullogo.

In der Schule

Wörter mit ch und sch

1 Suche das Gegenteil der Adjektive im Wörterbuch!
Ordne anschließend die Adjektive mit **sch** nach dem Alphabet!

leicht – _____ ☐   gerade – _____ ☐

weiß – _____ ☐   langsam – _____ ☐

sauber – _____ ☐   mild – _____ 1.

hässlich – _____ ☐   stark – _____ ☐

2 Bilde Nomen. In jedem Nomen muss ein **ch** oder **sch** stecken!
Schreibe diese mit dem Artikel auf!

_____

_____

_____

_____

_____

Ge-

3 Welches der Nomen aus Aufgabe 2 gibt es nur in der Mehrzahl?

_____

4 Suche die Wörter im Wörterbuch und schreibe ab!

ein Tier, welches seine Farbe ändert   _____ S.____

viele Menschen, die gemeinsam singen   _____ S.____

ein Brettspiel mit Dame und König   _____ S.____

sich im Internet unterhalten   _____ S.____

ein weißes Pferd   _____ S.____

ein anderes Wort für Direktor   _____ S.____

wenn es wehtut, hat man   _____ S.____

die Tochter meiner Mutter ist meine   _____ S.____

 Welches Nomen darfst du mit **ch**, aber auch mit **sch**
in der Wortmitte schreiben?

Bist du fit?

Bist du fit?

Ein neuer ___üler

1. Marc besu___t heute seine neue ___ule.
2. Er ist ___on ganz aufgeregt und rennt von zu Hause los.
3. Frau Keller begrüßt ihn freundli___ .
4. Zusammen besi___tigen beide das ___ulgebäude, dann geht es zum Unterri___t.
5. Marc ist überra___t, wie herzli___ ihn alle begrüßen.
6. Er wün___t si___ ra___ einen neuen Freund.

7 x **sch**
6 x **ch**

1 Entscheide, ob **ch** oder **sch**! Setze ein!

2 Markiere im Text alle Verben!

3 Wähle die Verben mit **ch** und **sch**! Vervollständige!

Verb mit ch: _____ Seite im Wörterbuch: _____

verwandte Wörter: _____
_____

Verb mit ch: _____ Seite im Wörterbuch: _____

verwandte Wörter: _____
_____

Verb mit sch: _____ Seite im Wörterbuch: _____

verwandte Wörter: _____
_____

Verb mit sch: _____ Seite im Wörterbuch: _____

verwandte Wörter: _____
_____

Bist du fit?

4 Schreibe die Sätze 1 und 3 im Präteritum auf!

Satz 1: _____

Satz 3: _____

5 Schreibe die Sätze im Perfekt!

Marc erzählt:

Ich _____ heute einen neuen Freund _____.
finden

Felix _____ mich in der Hofpause freundlich _____.
ansprechen

Wir _____ Tischtennis _____.
spielen

Nach dem Unterricht _____ wir gemeinsam

nach Hause _____.
gehen

Wir _____ uns für morgen _____.
verabreden

Fahrrad fahren

Fußball spielen

6 Wofür würdest du dich entscheiden: Fußball oder Fahrrad?
Sammle Argumente und schreibe sie auf!

_____
_____
_____
_____
_____
_____
_____
_____

Im Herbst

Sachtexte

1 Markiere alle wichtigen Informationen im Text! Vervollständige den Steckbrief!

Der Kuckuck

Der Kuckuck ist ein taubengroßer Vogel mit einem langen Schwanz. Er lebt vorwiegend am Waldrand und in Parks. Seine Nahrung besteht hauptsächlich aus Insekten und Käfern. Der Kuckuck legt seine Eier in fremde Nester. In der kalten Jahreszeit überwintert er in Afrika.

Aussehen: _____

Lebensraum: _____

Nahrung: _____

Besonderheit: _____
_____

2 Schreibe zu den Stichwörtern einen zusammenhängenden Text!

Stichwortzettel:

Waldkauz

- *Wald und Park*
- *grau bis braun*
- *Gefieder gute Tarnung*
- *Mäuse, Frösche, Vögel*
- *nachtaktiver Vogel*
- *lautlos fliegen*
- *sehr gutes Gehör*

 Schreibe zu einem Tier im Wald einen Stichwortzettel oder einen Steckbrief!

Im Herbst

Zusammengesetzte Adjektive

1 Bilde zusammengesetzte Adjektive und schreibe sie untereinander!

grün   süß   still   schwarz   blau   gelb   leicht   rot

2 Welche Bedeutung haben die Adjektive aus Aufgabe 1?
Schreibe daneben: zitronengelb – so gelb wie eine Zitrone.

3 Ordne die Adjektive richtig ein!

nasskalt • gelbgrün • blitzschnell • süßsauer • windstill • federleicht • eisigkalt • glasklar

Nomen und Adjektiv   **Adjektiv und Adjektiv**

4 Finde mindestens fünf weitere zusammengesetzte Adjektive!

★ Finde viele zusammengesetzte Farbadjektive!

Im Herbst

Kreative Schreibformen

1 Wer schrieb welchen Text? Verbinde!

Felix:
> Die Vögel fliegen:
> Schwalbe, Kuckuck und Kranich.
> Bald kommt der Winter.

Marc:
> Der Herbst ist da.
> Bunt sind schon die Wälder.
> Die Blätter fallen herab.
> Bunt sind schon die Wälder.
> Nebelschwaden, grau und schwer,
> ziehen am Himmel rings umher.
> Bunt sind schon die Wälder.
> Wir lassen Drachen steigen.

Selina:
> Gelb
> reife Sonnenblumen
> sie leuchten golden
> ich laufe durchs Feld
> Herbst

RONDELL   HAIKU   ELFCHEN

2 Sammle Herbstwörter! Dichte und gestalte einen Text!

- schimmern
- buntes Laub
- heulen
- kühler Wind

⭐ Schreibe ein Akrostichon über den Herbst!

Im Herbst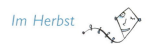

Satzglieder

1 Bilde vollständige Sätze!

Subjekt	Prädikat	Ergänzung
die Kinder der Klasse 4a	aufräumen	der Waldspielplatz
Felix und Selina	haben/mitbringen	Müllsäcke
Frau Keller	einteilen	Kinder in Gruppen
Marc	dürfen/helfen	der Forstarbeiter
die Kinder	aufsammeln	der Unrat/das Papier
alle	sollen/zuhören	der Kuckuck
Jonas	entdecken	der Kuckuck/der Baum

Denke daran, die Satzglieder können ihre Form verändern.

2 Markiere die mehrteiligen Prädikate im Satz!

3 Wie muss es richtig heißen? Setze das Nomen **Eichhörnchen** mit seinem Artikel in der richtigen Form ein!

Die Kinder der Klasse 4a beobachten _____.

_____ springt flink von Baum zu Baum.

Der Schwanz _____ bewegt sich hin und her.

Gespannt sehen die Kinder _____ zu.

Das Nest _____ befindet sich oben in den Bäumen.

 Verwende die Verben als Prädikate in Sätzen!   herab-/hin-/auf- **fallen**

Im Herbst

Doppelte Mitlaute

1 Überlege und streiche durch, wo kein doppelter Mitlaut stehen darf!
Schreibe die Nomen mit doppeltem Mitlaut darunter!

_____ _____ _____ _____

_____ _____ _____ _____

_____ _____ _____ _____

2 Was können diese Tiere? Finde Verben mit doppeltem Mitlaut!

buddelt   _____

_____   _____

_____   _____

_____   _____

_____   _____

_____ und _____

Was machen alle? Sie _____.

Bist du in der Rechtschreibung unsicher, schau im Wörterbuch nach.

3 Vervollständige!
Beachte das schwarze Schaf in jeder Reihe!

tt: das We___er, die Bre___er, er kle___ert, wir rei___en
ff: die Wer___t, die Ho___nung, ich tre___e, die Wa___el
pp: die Pa___e, die Hu___e, wir kla___ern, do___elt so viel

★ Finde weitere Wörter mit drei gleichen Mitlauten:
das Betttuch, die Schifffahrt …

Meine Wünsche und Träume

Traumland

1 Wo möchtest du gern leben? Markiere!

Marokko Grönland

2 Sammle Argumente für und gegen deine Entscheidung!

für	gegen
_____	_____
_____	_____
_____	_____
_____	_____
_____	_____

3 Schreibe einen eigenen Text zu deinem Traumland!

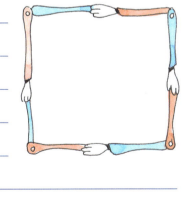

★ Schreibe einen Urlaubsgruß aus deinem Traumland!

Meine Wünsche und Träume

Verben im Futur

1 Setze die Verben im Futur richtig ein!

Am Sonntag _____ ich

in das Traumland _____ .

Meine Freunde _____ mich _____ .

Marc _____ die Kamera _____ .

Wir _____ gemeinsam

ein Tagebuch _____ .

„Ihr _____ viel _____ ", meint Opa.

„_____ du uns eine Karte _____ ?"

reisen
begleiten
(mit-)bringen
schreiben
(er-)leben
schicken

werden

2 Übertrage die Sätze ins Futur!

Wir fuhren mit dem Ballon.

_____

Der Wind treibt uns schnell voran.

_____

Ich machte viele schöne Fotos.

_____

Ihr wartet schon auf uns.

_____

Wir erzählen von unserem aufregenden Erlebnis.

_____

3 Streiche die Formen durch, die nicht im Futur stehen!

ich werde fahren	ihr fahrt ab	sie werden lesen	wir träumten
du hast gelacht	du wirst vorsingen	wir werden gehen	sie wird
er wird spielen	sie haben gelebt	ich bin gekommen	ihr werdet landen

★ Welcher der beiden Sätze steht im Futur? Begründe!

Ich werde Rennfahrer.   Ich werde mit dem Fahrrad fahren.

Meine Wünsche und Träume

Mein Wunschberuf

1 Entnimm der Umfrage wichtige Informationen!

Wie viele Kinder nahmen an der Umfrage teil?
_____

Wonach wurde gefragt?
_____

Welcher Beruf ist der Favorit?
_____

```
Umfrage: Wunschberuf
Klasse 4b
12 Mädchen und
10 Jungen
Friseur    ||||
Polizist   ||||
Model      |||
Lehrer     ||
Pilot      |||| |||
```

2 Kannst du genau feststellen, was die Jungen werden wollen? Begründe deine Antwort!
_____
_____

3 Schreibe wichtige Stichpunkte auf, die deinem Wunschberuf entsprechen!

Ich werde später _____ sein.

oder:

Feuerwehrmann
- Feuer löschen
- Verletzte bergen
- Brände verhindern
- Menschen und Tiere retten

 Erfinde Traumberufe und stelle sie deinen Mitschülern vor!

Meine Wünsche und Träume

Umlaute und Zwielaute

1 Bilde sinnvolle Wörter!
Ordne nach Wortarten und markiere den Zwielaut!

häu	Zei	träu	Räu	schrei	flei	Eu	teu	heu	mau	sau	Tau
ber	ro	chen	len	men	er	fig	ben	ßig	er	cher	ern

Nomen   **Verben**   **Adjektive**

_____   _____   _____

_____   _____   _____

_____   _____   _____

_____

2 Suche Wörter mit **Ai/ai**!

_____

_____

_____

Hilfe findest du auch im Wörterbuch.

3 Schreibe so:

das Haus – *die Häuser*   der Bauch – _____

der Brauch – _____   _____ – die Räume

_____ – die Läuse   der Zaun – _____

_____ – die Läufe   _____ – die Träume

die Maus – _____   der Einkauf – _____

_____ – die Sträucher   _____ – die Schläuche

4 Entscheide: **Eu/eu** oder **Äu/äu**?

die sch__e__le, das kleine __glein, die K__le schwingen,
h__fig ins Kino gehen, seine Gedanken __ßern, ein F__er löschen,
n__e B__me pflanzen, der Kontinent __ropa, M__se fressen Käse,
die Str__cher verschneiden, eine große B__le am Kopf, einige __ros sparen

 Seltene Zwielaute sind **ao/oi/ou/ui**.
Finde Wörter, in denen diese vorkommen!

16   SF S. 30

Meine Wünsche und Träume

Wörter mit doppeltem Selbstlaut

1 Entschlüssle die Geheimschrift! Schreibe die Nomen mit dem Artikel auf!

⬠	◇	△	0	▢	▯	▽	◈	◆	⬡	◁	▭	▷
B	O	T	Z	E	R	D	S	M	A	H	W	P

△ ▢ ▯   ⬠ ◇ ◇ △   ◆ ◇ ◇ ◈   ▷ ⬡ 0 ▯

_____   _____   _____   _____

◁ ⬡ 0 ▯   0 ◇ ◇   ◈ ▢ ▯   ⬠ ▢ ▢ ▯ ▢

_____   _____   _____   _____

2 Felix und Selina haben mit den Wörtern aus Aufgabe 1 kleine Texte geschrieben. Setze diese Wörter sinnvoll ein!

Das _____

Bei den Affen im _____

sah ein Mann eine Frau

mit langem _____.

Gemeinsam tranken beide

_____ und aßen

_____ mit Schlagsahne.

Der Ausflug

Ein _____ spazierte

im Wald zum _____.

Dort wollten beide mit

dem _____ fahren.

Sie liefen barfuß über das

_____. Dann pflückten

sie im Wald_____.

3 Verwende zwei Wörter mit doppeltem Selbstlaut! Schreibe eine eigene Übung!

_____
_____
_____
_____

Ich kann die Mehrzahl bilden oder Zusammensetzungen finden oder …

 Gestalte für deine Mitschüler Bilderrätsel! **Klee/Blatt**

SF S.31   17

Bist du fit?

Unser Schulgarten im Herbst

Nach den Herbstferien wird der Schulgarten winterfest gemacht.
Viele Aufgaben werden auf die Klassen verteilt.
Die Schüler der 1. und 2. Klassen nehmen Kürbisse ab
und pflücken Äpfel.
Die Jungen der Klasse 3 ernten Kartoffeln.
Die Mädchen harken die rotbraunen und
gelbgrünen Herbstblätter zusammen.
Die Viertklässler werden die Beete umgraben
und die Gartengeräte blitzblank putzen.
Frau Keller schneidet die Brombeersträucher.
Nun kann das nasskalte Herbstwetter kommen.

1 Ordne jeweils zwei Wörter aus dem Text zu!
Unterstreiche die Besonderheit!

Wörter mit doppelten Mitlauten: _____

Wörter mit doppelten Selbstlauten: _____

Wörter mit Umlauten: _____

Wörter mit Zwielauten: _____

2 Schreibe die zusammengesetzten Adjektive
aus dem Text heraus!

_____

_____

Du wirst im Text fünf finden.

3 Finde zwei weitere zusammengesetzte Adjektive, die zum Herbst passen!

_____

4 Welche Bedeutung haben folgende zusammengesetzte Adjektive?

kristallklar – _____

schokoladenbraun – _____

eiskalt – _____

Bist du fit?

5 Bilde vollständige Sätze und kennzeichne die Prädikate!

Subjekt	Prädikat	Ergänzung
1 die Mädchen der Klasse 4a	aufräumen	der Geräteraum
2 Marc	helfen	der Hausmeister
3 eine Futterglocke	werden aufhängen	im Schulgarten

6 Setze Satz 2 aus Aufgabe 5 ins Futur!

7 Was schlägst du vor? Begründe deine Antwort in Sätzen!

Die Brüder-Grimm-Schule hat zum Herbstfest eine Spende von 500 Euro für den Schulhof bekommen. Alle Schüler dürfen Vorschläge machen.

Miteinander leben

Wir sind Freunde

1 Ersetze die durchgestrichenen Nomen durch passende Personalpronomen!

Selina ist meine Freundin. ~~Selina und ich~~ _____ haben keine

Geheimnisse voreinander. ~~Selina~~ _____ hilft mir immer in Mathe,

denn ~~Mathe~~ _____ ist Selinas Lieblingsfach. Mein Bruder spielt

manchmal mit uns beiden. ~~Mein Bruder~~ _____ findet Selina

auch toll. Bei Sportspielen wird ~~Selina~~ _____ oft als Kapitän gewählt.

2 Wie sollte dein Freund oder deine Freundin sein? Schreibe eine Suchanzeige!

10 Jahre
guter Fußballer
mag Hunde
lustig, ehrlich

9 Jahre
reitet gern

_____ gesucht!

_____
_____
_____
_____
_____
_____

 Schreibe ein Rätselröllchen über einen Mitschüler! Lass die anderen raten!

Er ist …

20   **SF** S.34

Miteinander leben

Satzglieder

1 Ergänze!

Selina sitzt an dem Tisch und malt _____ _____ .
                                      Wem?   Was?

Felix braucht _____ und fährt deshalb in die Stadt.
                 Was?

Marc trifft _____ und sie gehen gemeinsam zu dem neuen Bäcker.
               Wen?

Fabian entdeckt _____ auf dem Schulhof.
                 Wen oder was?

Anna und Uwe streiten sich _____ .
                              Mit wem?

Die Kinder in der Klasse zeigen _____ _____ .
                                   Wem?   Was?

Frau Keller hilft _____ und _____ bei den Aufgaben.
                     Wem?   Wem?

2 Schreibe fünf Sätze und verwende alle Satzglieder!

Subjekt	**Prädikat**	**Ergänzungen**
Wer? Was?	Wer macht?	Wem? Wen?
	Was macht?	Was?

_____

_____

_____

_____

_____

_____

⭐ Bilde mit diesen Wörtern verschiedene Sätze!
Ein Satz soll eine Frage sein.

EIN MÄRCHEN • ANNA • IHR BRUDER • AM ABEND • VORLESEN

Miteinander leben

Eine Bildgeschichte

1 Sammle Wörter zu den Bildern!

_____   _____   _____
_____   _____   _____
_____   _____   _____
_____   _____   _____

2 Schreibe deine Bildgeschichte auf!

Diese Fragen helfen dir.
• Wie fängt die Geschichte an?
• Wer ist dabei?
• Wo und wann spielt die Geschichte?
• Worum geht es in der Geschichte?
• Wie geht es weiter?
• Wie endet die Geschichte?

⭐ Erzähle eine Geschichte dazu!

Plötzlich bekam der Fußball Flügel und …

22 SF S.38

Miteinander leben

Einen Text überarbeiten

1 Überarbeite den Erzähltext! Nutze für Veränderungen die freien Zeilen!

1 Ich war auf den Schulhof.

2 Dann sah ich meinen Freund Felix.

Denke daran!
Überschrift
Satzanfänge und Satzzeichen
Zeitformen
passende Wörter
Rechtschreibung

3 Dann rief ich laut meinen Freund Felix.

4 Dann ist Felix plötzlich gestolpert

5 Sein Ellenbogen blutet stark.

6 ich bringe Felix ins Klassenzimmer.

7 Frau Keller klebte ein pflaster auf der Wunde.

8 Hoffentlich heilt die Wunde balt.

★ Gestalte mit Freunden ein Lernplakat mit Tipps für die Textüberarbeitung!

SF S. 39   23

Miteinander leben

Wörter mit ng/nk und pf

1 Welche Verben kannst du bilden?
Schreibe diese nach dem Alphabet geordnet auf!

2 Vervollständige die Wörterschlange
und setze Trennstriche zwischen den Wörtern!
Markiere Nomen blau, Verben rot und Adjektive grün!

ng oder nk?

A ELBA DRÄ ELNDU ELA ERA ST

3 Schreibe nur die Nomen mit **Pf/pf** in der Einzahl und Mehrzahl auf!

der Tropfen – die Tropfen,

4 Markiere die Wortfamilien mit unterschiedlichen Farben!

der Kampf	pfeifen	er empfindet	sie empfing
er pfiff	empfinden	er empfängt	ihr kämpft
gepfiffen	empfangen	kampflos	die Pfeife
die Empfindung	kämpfen	der Empfang	empfindlich

★ Wähle eine Wortfamilie aus Aufgabe 4 und ergänze weitere Wörter!

Im Winter

Schneeballgedichte

1 Lies dir die Schneeballgedichte durch und schreibe eigene Schneebälle!

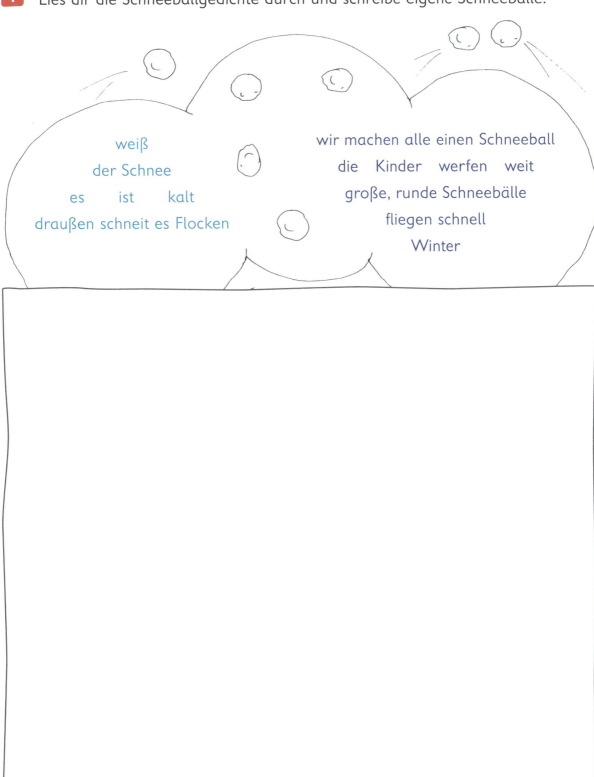

weiß
der Schnee
es ist kalt
draußen schneit es Flocken

wir machen alle einen Schneeball
die Kinder werfen weit
große, runde Schneebälle
fliegen schnell
Winter

★ Suche dir ein Wintergedicht und stelle es den anderen vor!

Im Winter

Auf der Spur der Märchen

1 Welche Märchentitel gehören zusammen? Markiere diese farbig!

Der Froschkönig	Little Red Riding Hood
Aschenputtel	Hans in Luck
Der Wolf und die sieben Geißlein	Cinderella
Rotkäppchen	The Wolf and the seven little Kids
Hans im Glück	The Frog King

2 Lies und unterstreiche ungewöhnliche Formulierungen und Wörter!

Schneewittchen:

Über ein Jahr nahm sich der König eine andere Gemahlin.

„Schöne Ware feil, Schnürriemen in allen Farben!"

Brüder Grimm

Hänsel und Gretel:

Er hatte wenig zu beißen und zu brechen, und einmal als große Teuerung ins Land kam, konnte er auch das tägliche Brot nicht mehr schaffen.

Brüder Grimm

König Drosselbart:

„Ich arme Jungfer zart, ach hätt ich genommen den König Drosselbart."

Der alte König aber, als er sah, dass seine Tochter alle Freier verschmähte, ward zornig.

Brüder Grimm

3 Erkunde, was die Aussagen in den Märchen bedeuten!
Wie würdest du es heute sagen? Schreibe es für eine Aussage auf!

_____
_____
_____
_____

 Suche in deinem Lieblingsmärchen den schönsten Satz!
Begründe deine Auswahl!

Im Winter

Wer bin ich?

1 Schreibe die Märchentitel darunter! Markiere die Verben!

> Um zwölf Uhr verlasse ich den Ball.
> In der Eile verliere ich den Schuh.

> Ich bin ein verzauberter Prinz.
> Die Prinzessin wirft mich an die Wand und
> ich verwandle mich.

> Ich trinke aus einem Brunnen und werde ein Reh.
> Meine Schwester ist sehr traurig darüber.

2 Schreibe das erste Rätselröllchen im Perfekt auf!

3 Schreibe das zweite und dritte Rätselröllchen im Präteritum auf!

 Schreibe das dritte Rätselröllchen noch einmal im Perfekt auf!

SF S. 45

27

Im Winter

Aufzählungen und Bindewörter

1 Vervollständige die Aufzählungen!

Schneewittchen deckte für die Zwerge den Tisch.

Sie brauchte *Teller,* _____ _____

_____ und _____ .

Rotkäppchen besuchte die Großmutter.

Sie nahm ihr _____ _____

und _____ mit.

Wo steckte das siebente Geißlein?

Es war im _____ _____

oder _____ .

Wer gehörte zu den Bremer Stadtmusikanten?

Es waren ein _____ ein _____

eine _____ und ein _____ .

2 Verbinde die Sätze mit den Bindewörtern!
Verwende **weil**, **denn**, **damit** jeweils einmal!

Frau Holle schüttelt die Betten aus. Auf der Erde schneit es.

_____

_____

Rotkäppchen besucht seine Großmutter im Wald. Sie ist krank.

_____

_____

Der König lässt alle Spindeln verbrennen. Dornröschen soll sich nicht stechen.

_____

_____

⭐ Suche weitere Bindewörter und verwende diese in Märchensätzen!

Im Winter

Wörter mit st/sp und v

1 Vervollständige die Zusammensetzungen! In jedem Bestimmungswort steckt ein **St/st** oder **Sp/sp**.

die _____ suche   das _____ brett

die _____ schnuppe   der _____ stich

das _____ netz   die _____ puppe

die _____ schrift   die _____ hose

2 Markiere Verben und Adjektive mit st oder sp im Rätsel! Ordne dann!

K	O	S	T	E	N	J	P	S	T	U	M	P	F	S
L	I	S	T	I	G	S	P	R	I	N	G	E	N	P
F	S	T	O	L	Z	H	S	T	E	C	H	E	N	I
B	Ü	R	S	T	E	N	A	Y	S	T	E	I	L	T
S	T	A	U	B	I	G	R	O	S	T	E	N	H	Z

Verben (5):
_____
_____

Adjektive (6):
_____
_____

3 Ergänze **F/f** oder **V/v**!

Im Straßen___erkehr müssen wir mit dem ___ahrrad ___orsichtig ___ahren.

Ich muss die ___or___ahrtsregeln und ___erkehrszeichen genau kennen.

Hier dür___en keine ___ehler passieren.

Ich überprü___e ö___ter die ___entile an den Rei___en.

Das ___orderrad braucht etwas Lu___t.

★ Finde heraus, wie der Buchstabe **V/v** in den Fremdwörtern **Violine** und **Klavier** gesprochen wird! Suche weitere solche Wörter!

Bist du fit?

Tanz im Märchenwald

1. König Drosselbart hat zum Tanz geladen.
2. Alle sind aufgeregt, wer kommt mit wem?
3. Hänsel und Gretel haben sich mit Brüderchen und Schwesterchen verabredet.
4. Schneewittchen bringt die sieben Zwerge mit.
5. Sie sind seine besten Freunde.
6. Der gestiefelte Kater kam in einer goldenen Kutsche.
7. Am Abend wird ein großes Orchester zum Tanz spielen.

1 Unterstreiche die Verben im Präsens rot, im Präteritum blau, im Perfekt grün und im Futur gelb!

2 Vervollständige die Aufzählung!

Zum Tanz erschienen _____

_____

_____

3 Setze **durch**, **auf**, **um**, **bei**, **aus**, **in** und **mit** ein!

Schneewittchen lebte _____ den sieben Zwergen.

Aschenputtel ging _____ den Ball.

Hänsel lief _____ Gretel _____ den Wald.

Die Dornenhecke wuchs _____ das Schloss herum.

Bei den Bremer Stadtmusikanten saß die Katze _____ dem Hund.

Der Frosch holte die goldene Kugel _____ dem Brunnen.

Ein Geißlein versteckte sich _____ dem Uhrenkasten.

Rotkäppchen ging _____ dem Korb in den Wald.

4 Verbinde die Sätze 4 und 5 aus dem Text „Tanz im Märchenwald"!

_____

_____

Bist du fit?

5 Überarbeite den Brief der Zwerge an Schneewittchen!
Finde die passenden Personalpronomen!

Liebes Mädchen, ~~die Zwerge~~ _____ waren über dein plötzliches

Kommen überrascht. Nun freuen wir uns sehr. Wir sind schon zur Arbeit

gegangen und wollten ~~Schneewittchen~~ _____ nicht wecken.

Die böse Königin wird nach ~~Schneewittchen~~ _____ suchen.

Lass ~~die böse Königin~~ _____ nicht herein. Der Jäger ließ dich

im Wald zurück. Aber ~~der Jäger~~ _____ wird nicht helfen können.

Deine sieben Zwerge

6 Passt die Anrede im Brief?

☐ ja oder ☐ nein   Vorschlag: _____

7 Was bedeutet die Textstelle aus dem Märchen vom König Drosselbart?

> „Ich hab den Eid getan, dich dem ersten besten Bettelmann zu geben.
> Da hilft auch keine Einrede mehr."
>
> Brüder Grimm

_____
_____
_____

8 Schreibe eine Suchanzeige zu einer verschwundenen Märchenfigur!

_____
_____
_____
_____
_____
_____
_____

Von Tieren und Menschen

Informationen aus der Tierwelt

	afrikanischer Elefant	Flusspferd	Giraffe
Gewicht	m 4 500–5 500 kg w 2 700–3 500 kg	m 1 300–3 000 kg w 1 000–2 500 kg	m 800–1 900 kg w 500–1 200 kg
Geschwindigkeit	bis zu 40 km/h	bis zu 50 km/h	bis zu 60 km/h
Junge pro Wurf	1	1	1
Geburtsgewicht	90–135 kg	35–55 kg	95–100 kg
Verbreitung	Afrika	Afrika/Indien	Ost- und Südafrika

1 Wer bewegt sich am schnellsten?

1 _____ 2 _____ 3 _____

Wer hat das geringste Geburtsgewicht?

1 _____ 2 _____ 3 _____

Kann Luzie auch eine andere Lösung haben als ich?

2 Vergleiche das Gewicht der männlichen Tiere!
Verwende in deiner Antwort alle Steigerungsstufen des Adjektivs!

_____

_____

_____

3 Vervollständige die Vergleiche!

Giraffen laufen _____ _____ Elefanten.

Der Elefantenbulle ist fast doppelt _____ _____ _____ die Elefantenkuh.

Werden Flusspferde _____ _____ Elefanten?

Ein Giraffenjunges wiegt etwa _____ _____ _____ ein Elefantenjunges.

 Wie alt können die Tiere vom Informationsplakat werden?
Stelle Vergleiche dazu auf!

Von Tieren und Menschen

Informationen verarbeiten

1 Lies den Sachtext und markiere wichtige Informationen für den Steckbrief!

Gorillas

Gorillas leben im afrikanischen Regenwald. Sie sind die größten Menschenaffen und leben in Gruppen. Die männlichen Tiere wiegen bis zu 200 kg, die Weibchen ca. 70 kg. Gorillas fressen den ganzen Tag Wurzeln, Knollen, Blätter und Früchte. Pro Wurf bringt das Weibchen ein Junges zur Welt. Dieses wiegt etwa 2 kg. Mit drei Monaten können Gorillas krabbeln. Am liebsten reiten die Jungtiere auf dem Rücken der Mutter. Sie erreichen ein Alter von ungefähr 40 Jahren.

Steckbrief

_____

Alter: _____

Gewicht: _____

Nahrung: _____

_____

_____

_____

Junge pro Wurf: _____

Geburtsgewicht: _____

Lebensraum: _____

_____

_____

_____

2 Prüfe die Aussagen mithilfe des Sachtextes! Kreuze an!

                                                                                               wahr falsch

Gorillas leben in Südasien.

Sie sind die größten Menschenaffen.

Sie sind Pflanzenfresser.

Gorillas sind Einzelgänger.

Die Jungtiere können mit einem Vierteljahr krabbeln.

 Suche Informationen über Paviane und präsentiere sie deinen Mitschülern!

Von Tieren und Menschen

Warum leben Tiere im Zoo?

1 Stimmst du den Aussagen der Kinder zu?
Begründe mindestens zwei deiner Entscheidungen!

Ich denke, den Tieren ist es manchmal langweilig.

ja ☐ _____
nein ☐ _____

Damit ich mir die Tiere aus fernen Ländern ansehen kann.

ja ☐ _____
nein ☐ _____

Die Jungen können hier in Ruhe aufwachsen.

ja ☐ _____
nein ☐ _____

Im Zoo werden gefährdete Tiere erhalten und geschützt.

ja ☐ _____
nein ☐ _____

2 Lies den kurzen Text!
Erkläre mit eigenen Worten, was artgerechte Haltung bedeutet.

_____
_____
_____
_____
_____
_____
_____

Pongoland
Das Pongoland ist eine sehr naturnahe weitläufige Menschenaffenanlage. Es umfasst eine große Tropenhalle und fünf Außenanlagen mit üppiger Begrünung, Wasserfällen und vielfachem Baumbewuchs. Dort finden die Gorillas, Orang-Utans, Schimpansen und Bonobos zahlreiche Betätigungsmöglichkeiten.

★ In vielen Zoos kann man die Patenschaft für ein Tier übernehmen.
Begründe warum!

Von Tieren und Menschen

Wörter mit ss und ß

1 Kennzeichne den kurzen (.) und langen (_) Selbstlaut!
Schreibe die jeweils drei zusammengehörenden Verbformen heraus!

schließen gegossen ließ gelassen maß
essen geschlossen gießen lassen gegessen
goss aß gemessen schloss messen

_____
_____
_____
_____
_____

2 Welche Nomen mit **s**, **ss** und **ß** kannst du bilden?
Die Buchstaben können beliebig oft verwendet werden.

F K U
C H T
A B E
 R L
ß I G
 S O

s: _____

ss: *Gasse,* _____

_____

ß: _____

3 Setze **s**, **ss** oder **ß** richtig ein! Kontrolliere mit dem Wörterbuch!

der Flei___ (S.___)   das Geheimni___ (S.___)   fre___en (S.___)
bi___chen (S.___)   das Ma___ (S.___)   die Fa___er (S.___)
der Bu___ (S.___)   die Ga___e (S.___)   drau___en (S.___)
blo___ (S.___)   der Ha___e (S.___)   das Fa___ (S.___)
das Wa___er (S.___)   der Fu___ (S.___)   der E___el (S.___)

⭐ Suche Wörter, die in der Einzahl mit **s** und in der Mehrzahl
mit **ss** geschrieben werden!

SF S.60/61   35

Kreuz und quer durch unser Land

Einige Bundesländer

1 Lies die Informationstafeln und ordne die Bundesländer zu!

2 Schreibe einen Text zu deinem Bundesland!

Magdeburg	Bundeshauptstadt	Erfurt
Harz	Spree	Rennsteig
1142 m Brocken	Brandenburger Tor	Wartburg
Hallorenkugeln	Fernsehturm	Johann Wolfgang von Goethe

Ich lebe im Bundesland

Dresden	Schwerin	Potsdam
Elbe	Müritz	Spreewald
1214 m Fichtelberg	Rügendamm	Schiffshebewerk Niederfinow
August der Starke	Teepott Warnemünde	Schloss Sanssouci

 Schreibe zu Sehenswürdigkeiten Rätselröllchen!

Mundarten

1 Welches Märchen wird in den drei verschiedenen Mundarten erzählt?

Sächsisch:
Da war aemal ae gleenes niedliches Mächen. Das grichte von seiner Grossemudder aenne feierrote Samtgabbe.

Platt:
Dor wir mal eins ein Fruu, du hadd ein luett Diern. Di'ss hadd uemmer so'ne rode Kappe up.

Berlinerisch:
Es war mal 'ne kleene süße Joere. Die lief imma mit 'ne rote Kappe rum.

_____

2 Lies die Texte in Mundart noch einmal!
Schreibe einen der Mundarttexte in Hochdeutsch auf!

_____
_____
_____

3 Welche Wörter gehören zusammen? Verbinde!

Jeschichte	sich komisch fühlen
Kauken	Geschichte
Dume	Kuchen
mulmich	verloren, kaputt
fuddsch	Daumen
nunner	Scheibe Brot
Bämme	runter

4 Was denkst du, bedeuten die folgenden Wörter? Schreibe es auf!

kleene Joere   Fruu   Wech

_____   _____   _____

⭐ Finde heraus, welche Mundarten es in deinem Bundesland gibt.

SF S.64   37

Kreuz und quer durch unser Land

In der Stadt unterwegs

Rathaus – befindet – Marktplatz
Kirche – steht – zwei Denkmäler
Schlossgarten – liegt – Schloss
Fluss – fließt – Brücke
Heimatmuseum – Milchgasse
alte Kastanie – steht – Schule

1 Beschreibe die Lagebeziehungen vollständig im Satz!
Markiere die Ortsangabe wie im Beispiel! Wähle drei Orte aus!
Beispiel: Das Rathaus befindet sich auf dem Marktplatz,

_____
_____
_____

2 Wie kommst du von der Schule zur Burg? Schreibe es auf!

_____
_____
_____
_____
_____
_____
_____

geradeaus
in die … einbiegen
über … gehen
an … vorbeikommen
rechts/links halten
die … überqueren
führt durch …
hinter der Kreuzung

 Stelle dein schönstes Gebäude aus deinem Heimatort vor!

Kreuz und quer durch unser Land

Wörter mit b, d und g

1 Teste dein Wissen!

Übungswort	Was schreibe ich?	Was hilft mir?	Ich mache die Probe.
kräfti_g_	g oder k	[K] in Wortbausteine zerlegen [S] Verlängerungsprobe [L] Grundform suchen	_kräftige Arme_
es hu___t	b oder p	[A] in Wortbausteine zerlegen [B] Verlängerungsprobe [C] Grundform suchen	_____
en___los	d oder t	[H] in Wortbausteine zerlegen [F] Verlängerungsprobe [L] Grundform suchen	_____
der Urlau___	b oder p	[K] in Wortbausteine zerlegen [R] Verlängerungsprobe [X] Grundform suchen	_____
es stin___t	g oder k	[D] in Wortbausteine zerlegen [S] Verlängerungsprobe [E] Grundform suchen	_____
der Fein___	d oder t	[F] in Wortbausteine zerlegen [I] Verlängerungsprobe [A] Grundform suchen	_____
der We___	g oder k	[M] in Wortbausteine zerlegen [B] Verlängerungsprobe [G] Grundform suchen	_____
sie blei___t	b oder p	[K] in Wortbausteine zerlegen [S] Verlängerungsprobe [P] Grundform suchen	_____
der Er___teil	d oder t	[R] in Wortbausteine zerlegen [A] Verlängerungsprobe [M] Grundform suchen	_____
ferti___	g oder k	[C] in Wortbausteine zerlegen [O] Verlängerungsprobe [F] Grundform suchen	_____
das Ver___	b oder p	[M] in Wortbausteine zerlegen [F] Verlängerungsprobe [L] Grundform suchen	_____
sie le___t	g oder k	[J] in Wortbausteine zerlegen [H] Verlängerungsprobe [I] Grundform suchen	_____

Lösungswort:

S									

⭐ Verwende viele der Übungswörter in einem Würfeldiktat!

Bist du fit?

Bist du fit?

Zoo der Zukunft

1. Der Leipziger Zoo wurde am 9. Juni 1878 als kleiner Garten gegründet.
2. Der Gründungsvater Ernst Pinkert zeigte exotische Tiere.
3. Schnell erfreute sich der Zoo großer Beliebtheit.
4. Im Jahr 2000 begann die Umgestaltung in den „Zoo der Zukunft".
5. So entstanden interessante und artgerechte Anlagen.
6. Das Pongoland ist mit 30 000 m² die weltgrößte Menschenaffenanlage.
7. Die 1 000 m² große Löwensavanne „Makasi Simba" wurde schon im Jahr 2002 eröffnet.
8. Die neue Tropenhalle Gondwanaland hat eine Fläche von 16 000 m².

1 Markiere alle Adjektive im Text!

2 Wähle je ein Adjektiv aus den Sätzen 1 und 3 und steigere sie!

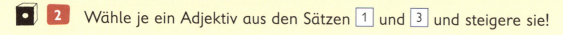

3 Vergleiche die Größe der Zooanlagen im Satz! Verwende in deiner Antwort alle Steigerungsstufen des Adjektivs!

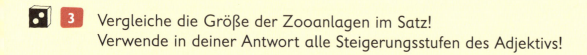

4 Überprüfe die Aussagen mithilfe des Textes! Kreuze an!

	wahr	falsch
Der Leipziger Zoo wurde im Jahr 2000 gegründet.		
In der Anlage „Makasi Simba" leben die Löwen.		
Gondwanaland ist eine Tropenhalle.		
Der Leipziger Zoo besitzt keine Affenanlage.		
Der Gründungsvater Ernst Pinkert zeigte einheimische Tiere.		
Im Zoo gibt es artgerechte Anlagen.		

Bist du fit?

5 Markiere die Regeln, die du im Zoo für besonders wichtig hältst!

Bitte auf dem Weg bleiben!   Laut Schreien erlaubt!

Nichts ins Wasser werfen!   Keine Elefanten mitnehmen!

Nicht über die Geländer steigen!   Füttern verboten!   Bitte nicht schreien!

Nicht an die Scheiben klopfen!   Zootiere nicht an die Leine nehmen!

6 Suche zwei Regeln aus und begründe, warum diese für dich wichtig sind!

7 Beschreibe den Weg vom Haupteingang zur Löwensavanne „Makasi Simba" zusammenhängend in Sätzen!

Seltsames und Interessantes

Was es alles gibt

Kinder der Klasse 4 haben Folgendes erforscht:

> *Die Chinesische Mauer mit einer Länge von 3 000 km ist sogar vom Mond aus sichtbar.*

> *Auf einem Vulkan, der erst vor 10 Jahren ausbrach, wachsen nun schon wieder Pflanzen.*

> *Eine Wasserspinne tankt Sauerstoff mit ihrem Hinterleib und ihren Hinterbeinen, die aus dem Wasser ragen.*

> *Ein Wanderfalke kann 160 km/h schnell fliegen.*

> *In Pisa steht ein schiefer Turm.*

> *Das größte Säugetier in der Nähe der Antarktis war ein Blauwal, der 220 t wog und 27,6 m lang war.*

1 Worüber hast du am meisten gestaunt?
Wähle vier Fakten aus und schreibe sie in der Ich-Form auf!

Ich habe gehört,

erfahren
staunen
wissen
lesen
hören
…

★ Erforsche, was es Seltsames und Interessantes in deiner Umgebung gibt!
Schreibe es auf Kärtchen und hänge sie im Klassenzimmer aus!

Seltsames und Interessantes

Ein interessantes Gespräch

Anna befragt Gregor über Vulkane, weil der sich damit gut auskennt.

[1] Anna fragt: „Was sind eigentlich Vulkane?"

[2] Gregor erklärt dies so   Vulkane sind Berge, die meistens ruhig und friedlich sind, aber plötzlich aktiv werden und dann Lava und Asche ausspucken.

[3] Weiter möchte Anna wissen   Was passiert bei einem Vulkanausbruch?

[4] Gregor berichtet   Vulkane sind eigentlich Löcher in der Erdkruste, aus denen geschmolzenes Gestein aus dem Erdinneren entweder ruhig oder mit einer Explosion herauskommt.

1 Lies den Text und unterstreiche die Begleitsätze rot und die wörtliche Rede blau!

2 Setze ab Satz [2] die Zeichen der wörtlichen Rede selbst ein!

3 Schreibe das Gespräch weiter!
Finde eigene Begleitsätze und setze die Zeichen der wörtlichen Rede!

> Wo gibt es Vulkane?
> Kannst du mir einen Vulkan in Europa nennen?
> Gibt es auch in Deutschland Vulkane?

> Zum Beispiel in Japan, Indonesien, Amerika oder in Europa.
> Der Ätna liegt in Italien.
> Ja, in der Eifel, aber die sind schon seit 10 000 Jahren nicht mehr aktiv.

 Finde heraus, wie die Satzzeichen der wörtlichen Rede aussehen, wenn der Begleitsatz nach der wörtlichen Rede kommt!

Seltsames und Interessantes

Mehr von Pippi Langstrumpf

Am Nachmittag war ein Zirkus in die kleine Stadt gekommen.
_____   _____

Alle Kinder wollten in die Vorstellung gehen, auch Pippi und ihre Freunde.
_____

Kurz darauf wurde sie von ihnen aus der Villa Kunterbunt abgeholt.
_____   _____

Pippi stand auf der Veranda, setzte ihren Hut auf, und los ging es zum Zirkus.
_____   _____

Schon lange vor der Vorstellung drängten sich die Leute am Zirkuszelt.
_____   _____

Auf der Tribüne saß die Musikkapelle. Jetzt galoppierten die Pferde in die Manege.
_____   _____   _____

Das Programm dauerte mehrere Stunden. Auch Pippi hatte dort ihre Auftritte.
_____

(nach Astrid Lindgren)

1 Frage nach den farbigen Orts- und Zeitangaben! Schreibe das Fragewort darunter!

2 Ordne die Orts- oder Zeitangaben in die Tabelle!

Ortsangaben	Zeitangaben

 Schreibe einen eigenen Satz zu Pippi Langstrumpf auf, in dem mindestens eine Orts- und eine Zeitangabe vorkommen!

Seltsames und Interessantes

Wörter mit und ohne h

1 Bilde einen möglichst langen Satz mit diesen Wörtern:
wohnen, Nähe, Mühle, ungefähr, Jahre, zehn, Lehrer!

2 Trage die Satzglieder deines Satzes in den Satzbauplan ein!

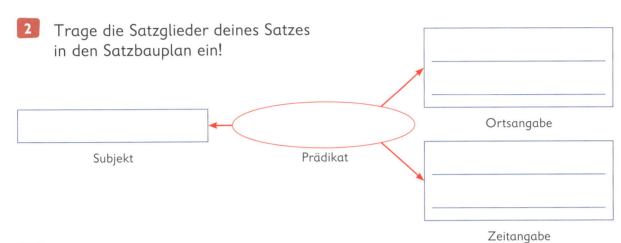

Subjekt — Prädikat — Ortsangabe — Zeitangabe

3 Stelle deinen Satz mehrfach um!

Wer findet die meisten Sätze?

4 Markiere die zwölf Fehler! Berichtige!

Damahls mussten Handwerker ir Ränzlein schnühren und in die Welt hinaus ziehen. Ungefär ein Jar wahren sie unterwehgs. Wärend dieser Zeit meisterten sie nicht wenige Gefaren. Ihre Narung verdienten sie sich durch Arbeit, zum Beispiel halfen sie, das Mehl in einer Müle zu malen.

 Suche verwandte Wörter zu den Verben „wohnen" und „schonen"!

SF S. 78/79   45

Im Frühling

Wir planen ein Frühlingsfest

Prädikat
- ankündigen
- möchten feiern
- planen
- vorschlagen

Zeit- oder Ortsangabe
- für die letzte Schulwoche
- im Klassenraum
- draußen
- am Freitag

Subjekt
- wir
- Frau Krüger
- die Kinder
- der Wetterbericht

Ergänzungen
- mit der Klasse
- ein Frühlingsfest
- das Buffet
- Sonne und Regen
- mit allen

Bei mir steht nicht immer das Subjekt vorn.

1 Verwende alle Satzglieder in einem Text!

2 Formuliere zwei Sätze so um, dass sie jeweils einmal zu einem Fragesatz und einmal zu einem Aufforderungssatz werden!

 Welches Satzglied fällt beim Aufforderungssatz weg?

Im Frühling

Das Frühlingsfest

1 Stell dir vor, ihr plant ein Frühlingsfest! Notiere auf einem Stichwortzettel, was zu tun ist und wer es tun soll!

Frühlingsfest der Klasse 4

Was?   Wer?

Kinderbowle vorbereiten

---

2 Sammle Wortgruppen für das Rezept!

3 Schreibe das Rezept auf! Verwende Aufforderungssätze!

⭐ Schreibe ein Frühlingsgedicht (Rondell, Elfchen, Haiku …)!

SF S. 84

Im Frühling

Das Schulfest fast verpasst!

1 Setze die Verben ins Präteritum!

Die Sonne _____ schon, doch Anna _____ noch fest.
　　　　　　　scheinen　　　　　　　　　　　　　　schlafen

Ihre Mutter _____: „Anna, aufstehen!" Anna _____ sich
　　　　　　　rufen　　　　　　　　　　　　　　　　　　　reiben

die Augen und _____ schnell aus dem Bett. Dabei _____
　　　　　　　springen　　　　　　　　　　　　　　　　　　　fallen

ihr Blick auf den Wecker. Anna _____: „Schon 8 Uhr, die Vorbereitung
　　　　　　　　　　　　　　　schreien

zum Frühlingsfest!" Sie _____ schnell ins Bad, _____ sich,
　　　　　　　　　　　laufen　　　　　　　　　　　　　　waschen

_____ ihre Haare und _____ in ihre Hose. Das Frühstück
kämmen　　　　　　　　　　　　steigen

_____ schon bereit. Mutter _____ ihr noch ein Brot.
stehen　　　　　　　　　　　　　　schmieren

Sie _____ ihr noch ein Getränk mitzunehmen.
　　　raten

Schnell _____ Anna los und _____ in die Schulstraße ab.
　　　　rennen　　　　　　　　　　　　biegen

Gerade noch rechtzeitig _____ sie in der Klasse.
　　　　　　　　　　　　　erscheinen

2 Markiere alle Verben mit **ie**!

3 Schreibe die markierten Verben jeweils in der Grundform, im Präteritum und im Perfekt auf!

scheinen – schien – hat geschienen.

_____

_____

_____

_____

_____

 Finde das Verb in Aufgabe 3, das im Präteritum anders gebildet wird als die übrigen! Was ist anders?

Im Frühling

Wörter mit ie

1 Ersetze in jedem Kästchen die Zahl durch einen Buchstaben!
Einige Buchstaben musst du selbst herausfinden.

	T	R	U	D	E	S	I	N	C	H
	1	2	3	4	5	6	7	8	9	10
	11	12	13	14	15	16	17	18	19	

Lösung: | 12 | 13 | 13 | 5 | 6 | | 17 | 13 | 12 | 2 | ?

2 Schreibe alle Nomen mit Artikel und alle Adjektive nach dem Alphabet geordnet auf!

⭐ Schreibe zu den Nomen Zusammensetzungen!

Bist du fit?

Der Ätna ist der größte Vulkan Europas und liegt auf Sizilien. Die aktuelle Höhe beträgt etwa 3 350 Meter und er hat rund 400 einzelne Krater. Im Laufe der Geschichte ist der Ätna schon über 100-mal ausgebrochen. Im Durchschnitt ist der Vulkan drei Monate im Jahr aktiv, was bedeutet, dass Lava fließt.

Wie viele andere Berge ist auch der Ätna das Ziel unzähliger Touristen. Man kann zum Beispiel mit einer Kabinenseilbahn von der Casa Cantoniera auf 2 920 Meter zum „Torre de Filosofo" fahren. Von dieser Höhe an ist der Aufstieg bis zum Kraterrand nur in Begleitung von Bergführern erlaubt. Die beste Zeit für eine Besteigung des Ätna sind die Monate Mai bis Oktober. Im Winter tummeln sich auf den gut präparierten Pisten des Ätna die Skifahrer.

1 Unterstreiche die Ortsangaben im Text blau und die Zeitangaben grün!

2 Schreibe jeweils zu zwei Orts- und Zeitangaben die Frage auf! Verwende unterschiedliche Fragewörter!

_____

_____

_____

3 Bilde einen Satz mit diesen Wörtern und schreibe ihn in den Satzbauplan!

Touristen, jedes, fahren, Seilbahn, mit, einer, unzählige, Jahr, Höhe, die, in

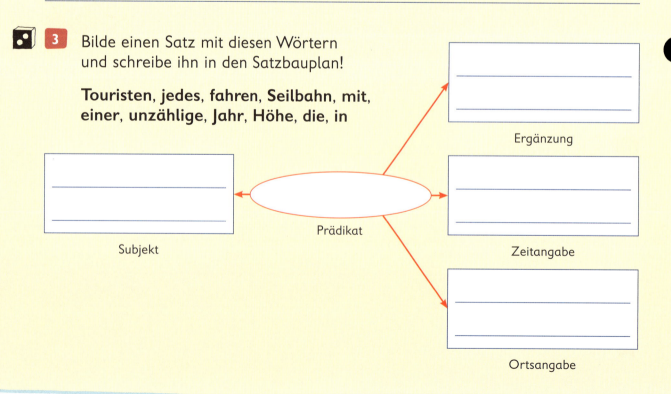

Subjekt — Prädikat — Ergänzung — Zeitangabe — Ortsangabe

50

Bist du fit?

4 Stelle den Satz so um, dass eine Frage entsteht!

5 Erstelle Regeln für den Aufstieg zum Kraterrand mit einem Bergführer!
Bilde Aufforderungssätze!

- nur vorgeschriebene Wege benutzen
- Anschluss halten und nicht zurückbleiben
- keinen Abfall in die Natur werfen

6 Stelle dir vor, du hättest während deines Urlaubs in Sizilien mit einem Einwohner der Insel gesprochen, der einen Vulkanausbruch miterlebt hat. Schreibe ein kurzes Gespräch in wörtlicher Rede auf! Diese Wörter könntest du verwenden:

Lava • glühende Asche • Rauchwolke über Insel • Flugverbot • Menschen fliehen aus Häusern • Polizei • Feuerwehr • große Hilfsbereitschaft • Tiere gerettet

Ich fragte: „Was passiert eigentlich bei einem Vulkanausbruch?"

Unsere Welt

Pluto nur noch ein Zwergplanet

1 Beantworte die Fragen zum Text! Antworte wie im Beispiel!

Pluto ist der äußerste Himmelskörper, der knapp 6 Milliarden Kilometer von der Sonne entfernt ist. Sein Dasein wurde bereits 1930 errechnet, bevor man ihn entdeckt hatte. Pluto benötigt 6,4 Erdentage, um sich einmal um sich selbst zu drehen. Ein Umlauf um die Sonne dauert 248 Jahre. Im Januar 2006 schickten die Amerikaner die Raumsonde „New Horizons" in Richtung Pluto. Sie braucht voraussichtlich neun Jahre, um dort anzukommen. Auf ihrem Flug wird sie am Jupiter vorbeikommen. Die Anziehungskraft des Jupiters wirkt sich auf die Geschwindigkeit der Raumsonde aus. So spart sie auf ihrer Reise zum Pluto drei Jahre ein. Im Sommer 2015 soll die Raumsonde „New Horizons" am Pluto ankommen.

Beispiel:
Wann wurde die Existenz von Pluto errechnet? _bereits 1930_

Wie lange benötigt Pluto, um sich einmal um sich selbst zu drehen?
_____

Seit wann fliegt die Raumsonde „New Horizons" durchs All?
_____

Wohin fliegt die Raumsonde?
_____

Wie lange benötigt die Raumsonde für ihre Reise?
_____

Wann soll die Raumsonde am Pluto ankommen?
_____

2 Schreibe allgemeine Orts- und Zeitangaben auf!
nächstes Jahr, _____

★ Erforsche mehr über die Planeten! Präsentiere!

52   SF S.90

Unsere Welt

Unser Sonnensystem

1 Kennzeichne die Satzglieder mit einem Schrägstrich!

Viel Interessantes kannst du in einem Planetarium erfahren.

1. Wir leben in einem Sonnensystem.
2. Im Weltall gibt es verschiedene Sonnensysteme.
3. Das Alter unseres Sonnensystems beträgt 4,5 Milliarden Jahre.
4. Acht Planeten umkreisen unsere Sonne.
5. Pluto zählt nicht zu diesen Planeten.
6. Seit ein paar Jahren verdankt Pluto Wissenschaftlern seine neue Bezeichnung.
7. Er ist ein Zwergplanet.

2 Trage die Wörter des zweiten und sechsten Satzes in die Satzbaupläne ein!

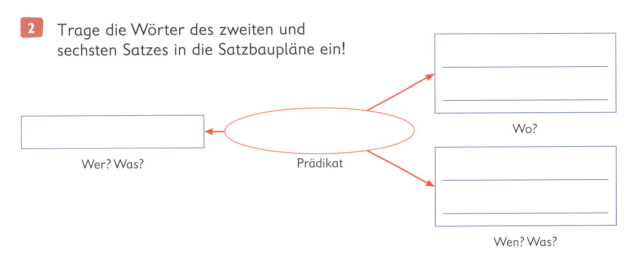

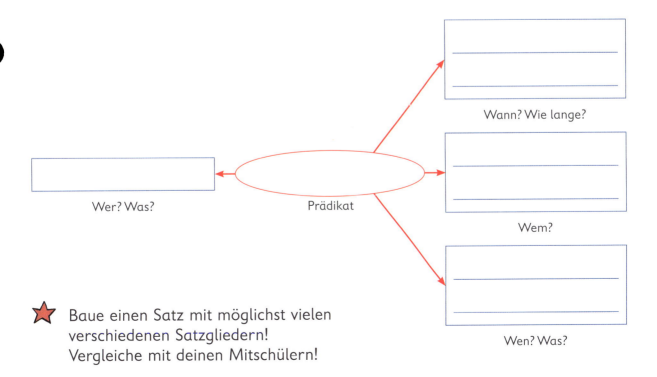

★ Baue einen Satz mit möglichst vielen verschiedenen Satzgliedern! Vergleiche mit deinen Mitschülern!

Unsere Welt

Besuch im Planetarium

1 Dem Leiter des Planetariums ist es gelungen, einen Astronauten zu einem Gespräch mit interessierten Schülern einzuladen.
Markiere die Satzglieder eines sinnvollen Satzes mit der gleichen Farbe.

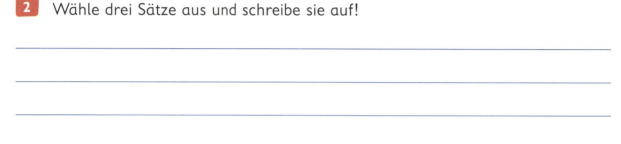

Ein Raumanzug	sind eingebaut	bis zu 100 Kilogramm.
Wassergefüllte Röhren	ist	Kopfhörer und Mikro.
Das	wiegt	für 6 Stunden.
Darin	reicht	Sauerstoff und Wasser.
Auf seinem Rücken	befinden sich	das Schwitzen.
Im Helm	verhindern	die gefährlichen Strahlen.
Ein dunkles Visier	filtert	sein „Notfall-Päckchen".

2 Wähle drei Sätze aus und schreibe sie auf!

_____
_____
_____
_____
_____

3 Welche Fragen würdest du dem Astronauten stellen?
Schreibe deine Fragen auf!

_____
_____
_____
_____
_____

 Finde Antworten auf deine Fragen zu Aufgabe 3!
Gestalte ein Informationsplakat!

Unsere Welt

Das Interview

1 Wie könnte das Interview von Seite 54 abgelaufen sein? Formuliere in wörtlicher Rede!

Ein Besucher fragte: „Ist so ein Raumanzug schwer?"
Der Astronaut erklärte: „So ein Anzug wiegt bis zu 100 Kilo."
„Schwitzt man da nicht sehr schnell?", wollte nun jemand wissen.

Achte darauf, dass der Begleitsatz mal vor und mal nach der wörtlichen Rede steht.

tz oder ck?

2 Setze im ersten Wort die fehlenden Buchstaben ein! Bilde dann Reimwörter!

bli___en – s_____ – schw_____

bli___en – ni_____ – stri_____

Stre___e – Schn_____ – H_____

Hi___e – Sp_____ – W_____

3 Trenne die Wörter!

Glück, verstecken, ticken, salzig, dreckig, verletzten, Rock, vortanzen, verschwitzt, blicken, stürzen, wecken, ersetzen, Schreck, gelockt

⭐ Schreibe den Satz auf und setze die Satzzeichen der wörtlichen Rede!

Die Schwerelosigkeit   sagte ein Junge begeistert   muss lustig sein

Mit Medien leben

Meine Schulzeit – Eine Zeitung entsteht

1 Sammle Stichwörter darüber, was in jedem Schuljahr das Wichtigste und Schönste war, und zu dem, an das du dich gern erinnerst!

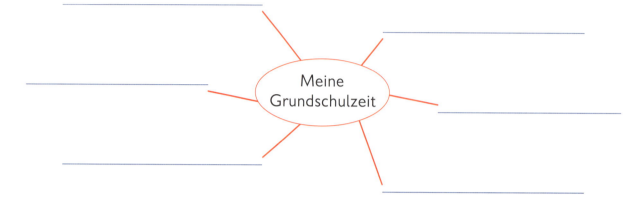

2 Schreibe ein Akrostichon zu Dingen, die dich in deinem Grundschulleben begleitet haben!
Wählt besonders gelungene Akrosticha für eure Abschlusszeitung aus!

S _____
C _____
H _____
U _____
L _____
E _____

3 Überlege und schreibe die Sätze zu Ende!

Am liebsten saß ich neben _____,

weil _____

Der schönste Ausflug _____

Ich werde mich gern erinnern an _____

Der lustigste Streich war _____

★ Schreibe ein Akrostichon zu einem weiteren Begriff, wie z.B. Zuckertüte, Wandertag, Unterricht, Zeichnen!

Mit Medien leben

Eine Zeitungsseite überarbeiten

Katja schreibt:

Der Bach
Am 19. Mai waren wir am Heubach. Über den Bach führte eine Eisenbahnbrücke. Unter der Brücke war ein Metallstuhl und hinter der Brücke waren Fische. Dann waren alle ganz nass. Dann hat Patricia einen Kescher gefunden. Dann hat sie den Kescher später verschenkt. Es hat uns allen Spaß gemacht. Wir wären am liebsten länger geblieben. Wir würden gerne mal wieder hin.

Niklas schreibt:

Ein Ausflug zum Bach
Am 19. Mai wanderten wir mit Keschern und Sieben zum Bach. Wir wollten Fische und andere Bachbewohner fangen und beobachten. Dann zogen wir uns Gummistiefel an. Es gab flache Stellen, in denen man gut stehen konnte. Eigentlich ging es ganz leicht, man musste einfach Steine hochheben und schnell mit dem Kescher oder dem Sieb drunter herziehen. Dann hatte man meistens etwas im Kescher. Wir haben die Tiere in einem Glas beobachtet und danach wieder in den Bach geschüttet.

1 Welcher Text gefällt dir besser und warum?

_____
_____
_____
_____

2 Verändere und überarbeite den anderen Text!

_____
_____
_____
_____
_____

⭐ Schreibe ein Erlebnis von einem Wandertag für eure Zeitung!

Ein Unfallbericht für die Monatszeitung

Hendrik und Moritz unterhalten sich über einen Unfall.

H: Hast du den Unfall vor der Schule gesehen?

    M: *Nein, ich bin die letzten Tage mit dem Schulbus gefahren.*

H: Na, der, der bei der Fahrradausbildung immer so schnell gefahren ist, ist ohne zu schauen mit seinem Rad aus der Schulausfahrt rausgefahren.

    M: *Ich glaube, du meinst den Michi aus der 4 b.*

H: Genau. Ohne zu bremsen ist der an das rote Auto gefahren.

    M: *Ist ihm was passiert?*

H: Ja. Der Krankenwagen musste kommen. Sein Arm ist bestimmt gebrochen.

    M: *Und das Auto?*

H: Im Auto saß eine Familie, denen ist zum Glück nichts passiert.

    M: *Und wann ist das nun genau passiert?*

H: Jetzt, wo du fragst, fällt es mir wieder ein. Es war am Mittwochmittag.

1 Lies das Gespräch genau! Hendrik will einen Bericht für die Schülerzeitung schreiben. Unterstreiche, was für den Bericht wichtig ist!

2 Finde eine Überschrift!

3 Achte auf die richtige Reihenfolge, schreibe in vollständigen Sätzen und im Präteritum!

 Sammle Zeitungsberichte über Fahrradunfälle und besprecht, wie diese zu vermeiden gewesen wären!

Mit Medien leben

Wortbausteine

1 Schreibe die Sätze so, dass die schräg gedruckten Wörter den Wortbaustein **-ung** erhalten!

In der *Zeit* steht viel über *werben*.

Der Reporter schreibt eine kritische *meinen* und bekundet seine *verwundern*.

Das neue Preisrätsel bietet viele *überraschen*.

Ob der Leser die optische *täuschen* nur als *einbilden* erkennt?

Die *beschreiben* der *wandern* war sehr gelungen.

2 Verwandle die Wörter mithilfe von Wortbausteinen in Nomen!

schön • sicher • klug • wirklich • süß

3 Bei der Mehrzahl von Nomen mit den Wortbausteinen **-in** und **-nis** wird der Mitlaut verdoppelt. Suche weitere Beispiele!

die Ärztin   *die Ärztinnen*
das Geheimnis   *die Geheimnisse*

 Bilde mit WIRT und LAND und dem Wortbaustein **-schaft** zwei neue Wörter! Versuche ein neues Nomen mit WIRT, LAND und **-schaft** zu finden!

Bist du fit?

> 1 Der Mond ist der einzige Himmelskörper, den Menschen betreten haben.
> 2 Zwischen 1969 und 1972 landeten insgesamt 12 Menschen auf dem Mond.
> 3 Der Mond ist ein „Wanderer des Himmels".
> 4 Seine Krater entstanden durch Einschlag anderer Himmelskörper.
> 5 Der Mond wendet der Erde immer die gleiche Seite zu.
> 6 Er dreht sich in 29,5 Tagen einmal um die Erde, aber auch einmal um sich selbst.

1 Frage nach einer Orts- und drei Zeitangaben!

_____
_____
_____
_____

2 Verbinde die Sätze 3 und 6, indem du „weil" benutzt!

_____
_____
_____
_____

3 Bilde mit den Satzgliedern sinnvolle Sätze!

eine geringere Masse   der Mond   hat   als die Erde
ein Drittel ihres Erdgewichts   die Astronauten   auf dem Mond   wogen
konnten machen   weite Sprünge   sie   deshalb
keinen Wind und kein Wetter   auf dem Mond   es   gibt
müssen   die Astronauten   zum Überleben   mitnehmen   etwas

_____
_____
_____
_____
_____

Bist du fit?

4 Markiere die Fehler im Text! Schreibe die Wörter richtig auf!
Kontrolliere mit dem Wörterbuch!

Der Mond ist vor etwa 3,6 Milliarden Jahren entstanden.
Damals soll ein großer Himmelskörper seitlich auf die Erde gestürtzt sein.
Riesige Gesteinsbroken wurden aus der Erde gerissen.
Sie bildeten einen Ring um die Erde.
Die Teile schmoltzen sich in kurtzer Zeit zusammen und bildeten den Mond.

Wort	Seite im Wörterbuch	verwandtes Wort
_____	_____	_____
_____	_____	_____
_____	_____	_____
_____	_____	_____

5 Formuliere die folgenden Sätze in wörtlicher Rede mit einem Redebegleitsatz!

Die Kinder fragten, was die Astronauten bei einem Weltraumflug
zu essen bekommen.

_____
_____

Die Astronauten antworten, dass sie vor allem Fertiggerichte,
die mit etwas Wasser in der Mikrowelle zubereitet werden, mitnehmen.

_____
_____

6 Schreibe einen Artikel für die Schülerzeitung!
Wähle aus: Astronauten, Planeten, Weltraum, Sternwarte …

_____
_____
_____
_____
_____
_____

Für Krimiliebhaber und Gruselfans

Der Diebstahl

Nach der Hofpause hatte die Klasse 4b im Computerraum Unterricht. Paula war vor den anderen am Raum, weil sie sich den Platz am Fenster sichern wollte. Frau Kiefer war auch schon da, als gerade ein Fremder mit einem Laptop hektisch aus dem Raum lief …

1 Kurz nach dem Diebstahl befragt ein Polizeibeamter alle Personen, die etwas gesehen haben.

Polizist: „Was haben Sie gesehen?"
Hausmeister: „Ein Mann hat sich mit dem Computer in der Hand durch die Haustür gezwängt. Hier hängt ein roter Wollfaden."
Paula: „Ich habe den Dieb fotografiert. Aber vor lauter Aufregung habe ich nur seine Hand mit einem schmalen Gegenstand auf dem Bild."
Frau Kiefer: „Er war ziemlich klein und hatte blaue Augen."
Schüler: „Der muss aber sehr schlecht sehen. Er hat den ältesten Laptop mitgenommen. Das verstehe ich nicht."

2 Lies die Aussagen! Betrachte die Bilder genau und trage einige wichtige Merkmale in die Tabellen ein!

Gesicht			braune Augen
Größe		klein	
Kleidung			buntes Hemd
Besondere Merkmale	Brille		dick

3 Beschreibe den Dieb!

_____

_____

_____

⭐ Drücke mit Wasserfarbe einen Daumenabdruck von dir auf ein weißes Blatt und fertige einen kurzen Steckbrief über dich an!

Für Krimiliebhaber und Gruselfans

Auf Verbrecherjagd

1 Die Polizei hat einiges zu tun bei der Suche
nach dem Computerdieb. Erkläre die Fachbegriffe!

Fingerabdruck _____

_____

Vernehmung _____

_____

Ermittlung _____

_____

Protokoll _____

_____

Phantombild _____

_____

Zeuge _____

_____

Alibi _____

_____

2 Welches Wort passt nicht in die Reihe? Streiche es durch!

Uniform – Streifenwagen – Funkgerät – Martinshorn – Streifenhörnchen

Fingerabdruck – Beweisstück – Wasserpistole – Untersuchungshaft – Richter

Funkzentrale – Einsatzort – Zeugen – Zuschauer – Tathergang – Verhaftung

Computer – Phantombild – Bilderbuch – Fahndung – Hinweis – Belohnung

3 Sammle Verben zu dem, was ein Polizist alles tun muss!

_____

_____

Warum heißt der Streifenwagen so, obwohl er keine Streifen hat,
und wie sieht er wirklich aus?

SF S.107–110   63

Für Krimiliebhaber und Gruselfans

Ist das der Dieb aus der Schule?

1 Male das letzte Bild der Geschichte!

2 Schreibe den Krimi weiter!

_____
_____
_____
_____
_____
_____
_____
_____
_____
_____

3 Kreuze an, welche Überschrift du nehmen würdest!

☐ Ein leckeres Eis   ☐ Der gestohlene Computer   ☐ Eine Entdeckung

★ Suche nach Kinder-Krimis! Stelle einen vor!

Für Krimiliebhaber und Gruselfans

Wörter mit chs, cks, ks, x

1 Suche die Wörter im Wörterbuch und trage sie richtig in die Tabelle ein!

A◆e   Kni▲   Ke■   Bo◆er   lin■   Fu◆
schla■ig   He◆e   Bü◆e   Kle▲   Ni◆e
Wa◆   Kna▲   Te◆t

x _____   chs _____

_____   _____

_____   _____

_____   _____

cks _____   ks _____

_____   _____

_____   _____

2 Zu welchen Nomen aus der Tabelle lassen sich Verben finden? Schreibe diese Verben auf!

_____

_____

3 Bilde viele Wörter mit dem Wortstamm **wechs**-!

_____

_____

_____

4 Schreibe Tiere auf, die mit **chs** geschrieben werden!

_____

_____

5 Es gibt viele Vornamen mit **x**. Wie viele findest du? Schreibe sie auf!

_____

★ Erkläre den Begriff *schlaksig*!

SF S.114

Im Sommer

Sommerwörter

1 Sammle Wörter, die für dich zum Sommer gehören!

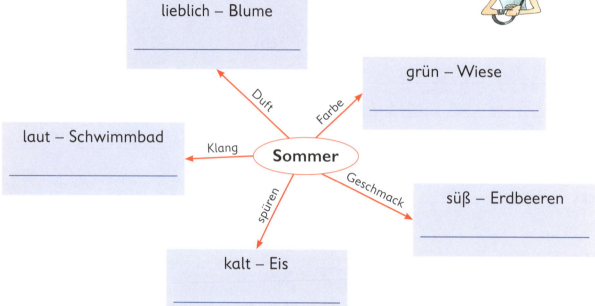

lieblich – Blume
_____

grün – Wiese
_____

laut – Schwimmbad
_____

süß – Erdbeeren
_____

kalt – Eis
_____

(Duft, Farbe, Klang, Geschmack, spüren → Sommer)

2 Schreibe einen Sommer-Stufentext!

Beispiel: *Erdbeeren*
Erdbeeren esse
Erdbeeren esse ich
Erdbeeren esse ich gern
Erdbeeren esse ich gern mit
Erdbeeren esse ich gern mit süßer
Schlagsahne.

_____
_____
_____
_____
_____
_____
_____

 Schreibe ein Sommer-Domino! | **Somme**r | **r**o**t** | **t**... |

Im Sommer

Wetterregeln – Bauernregeln

1 Verbinde die Aussagesätze mit **weil**, **denn** oder **damit**!

Schon seit langer Zeit gibt es Wetterbeobachtung.
Das Wetter ist für die Menschen von großer Bedeutung.

_____
_____
_____

*Verwende die Wörter **weil**, **denn**, **damit** nur einmal!*

Die Menschen machten ihre Beobachtungen in der Natur.
Für Bauern und Schäfer hing der Lebensunterhalt vom Wetter ab.

_____
_____
_____

Die Wetterregeln wurden in Reimform gebracht.
Viele Menschen konnten nicht lesen und schreiben.

_____
_____
_____

2 Vervollständige die Bauernregel!

Mai kühl und nass,
füllt dem Bauer Scheun und _____.
   Regnet's im Sommer kaum,
    bleiben die Äpfel nicht am _____.
Gibt's im August keine Garben,
wird man im Winter _____. (Volksgut)

3 Erkläre mit eigenen Worten:

Weht im August der Wind aus Nord,
ziehen die Störche noch lange nicht fort. (Volksgut)

_____
_____

 Suche Bauernregeln, die für den Siebenschläfertag gelten!

Im Sommer

Fälle und Zeitformen

1 Setze die Nomen mit den richtigen Artikeln ein!

Am Nachmittag ruft Selina _____ an.
　　　　　　　　　　　　　　　　Freundin

_____ verabreden sich, um gemeinsam zum Sommerfest
　　Kinder

auf die Festwiese zu gehen.

Vor dem Losgehen wünscht Mutti _____ viel Spaß.
　　　　　　　　　　　　　　　　　　Mädchen

Sie gibt ihnen noch den Teig für das Backen _____
　　　　　　　　　　　　　　　　　　　　　　　Knüppelteig

über dem Feuer mit.

2 Frage nach den unterstrichenen Nomen!

Auf der Festwiese spielen <u>viele Kinder</u>.

_____

Die Stimmung <u>aller Besucher</u> ist richtig festlich.

_____

Die Feuerwehr hat <u>dem Bürgermeister</u> die Erlaubnis zum Entzünden des Feuers gegeben.

_____

_____

Gemeinsam werden die Mädchen <u>den Knüppelteig</u> über dem Feuer backen.

_____

3 Ergänze die Tabelle!

Perfekt	Präsens	Futur
_____	*sie spielen*	_____
_____	*es ist*	_____
sie hat gegeben	_____	_____
_____	_____	*sie werden backen*

 Setze den Satz *Hast du den Teig selbst geknetet?* in die anderen Zeitformen!

Im Sommer

Doppelte Mitlaute

1 Löse das Rätsel!

menschenähnliches Tier
wirft jeder bei Sonne auf den Boden
eine Jahreszeit
Regen, Blitz und Donner
ein Wochentag

2 Suche fünf Sommerwörter mit doppeltem Mitlaut!

_____

_____

3 Bilde Verben mit dem Wortbaustein **auf-**, die dann ein **ff** haben!

auffüllen, _____

_____

4 Finde zu diesen Nomen zweisilbige Verben mit doppeltem Mitlaut!
Schreibe sie so auf: *Schwimmbad, schwimmen, schwim-men*

Wettkampf _____

Füllstand _____

Sonntag _____

Sammlung _____

5 Berichtige!

die Spine webt, die Tauben guren, die glate Tafel, aber am Mitwoch komen,
sich am Donerstag trefen

_____

_____

_____

Ich habe sieben Fehler gefunden.

★ Schreibe jeweils einen Satz, der den Unterschied
Mann – man, denn – den, ist – isst erkennen lässt!

Bist du fit?

Bist du fit?

Gespenstische Sommerferien

Selina, Peter und Marco haben ein Baumhaus gebaut. Zum Sonnenwendfest haben sie das erste Mal abends allein hoch oben in den Baumwipfeln geschlafen. Als alles ganz dunkel war, hörten sie auf dem Gartenweg Schritte, aber sie sahen niemand. „Ob es das Gespenst Hugo ist?", fragte Peter Selina. Sie wollte mit ihrem neuen Fotoapparat das Geheimnis lüften. Sie überlegte sich, dass sie morgen eine Gespensterfalle bauen wird. Sie sagte: „Damit ich alles richtig mache, werde ich in die Bücherei gehen und ein Gespensterbuch ausleihen."

1 Unterstreiche die Verbformen in der Gegenwart blau, der Vergangenheit grün und der Zukunft rot!

2 Wähle Verbformen aus dem Text aus und trage sie in die Tabelle ein! Ergänze die fehlenden Formen!

Präsens _____   Präteritum _____

Futur _____   Perfekt _____

3 Frage nach den markierten Satzgliedern!

Bist du fit?

4 Schreibe einen Satz in den Satzbauplan!

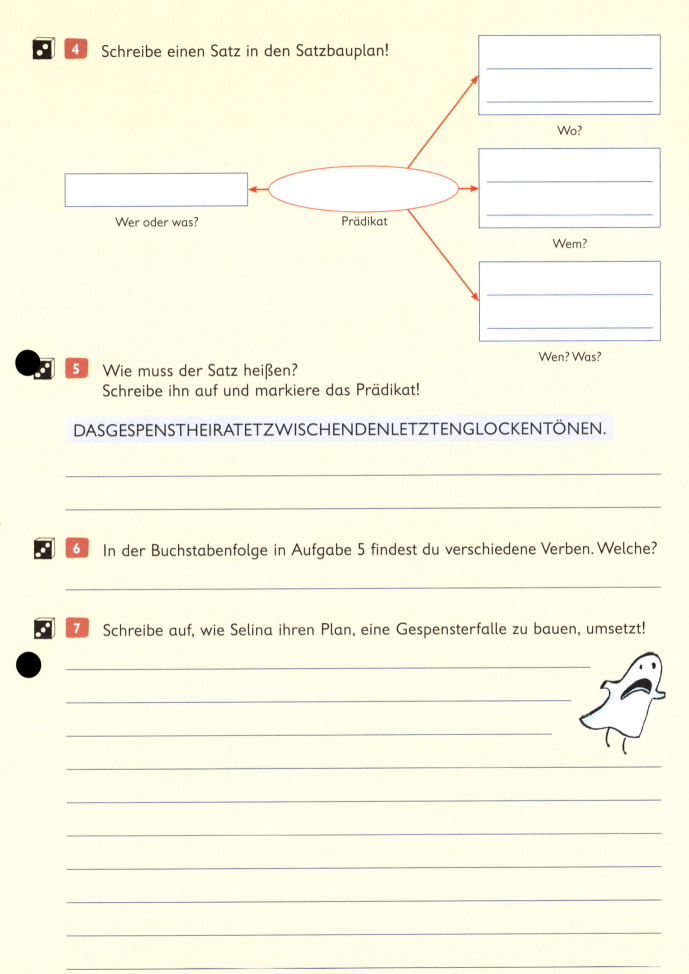

Wer oder was? — Prädikat — Wo? / Wem? / Wen? Was?

5 Wie muss der Satz heißen?
Schreibe ihn auf und markiere das Prädikat!

DASGESPENSTHEIRATETZWISCHENDENLETZTENGLOCKENTÖNEN.

6 In der Buchstabenfolge in Aufgabe 5 findest du verschiedene Verben. Welche?

7 Schreibe auf, wie Selina ihren Plan, eine Gespensterfalle zu bauen, umsetzt!

Sprachfreunde 4

Arbeitsheft
Ausgabe Nord

Erarbeitet von
Susanne Kelch, Andrea Knöfler, Heike Schindler, Heike Wessel

Unter Einbeziehung der Ausgabe von
Nina Bartonicek, Helen Fürniß, Beatrice Kasten, Christine Szelenko, Brigitte Wegener

Unter Beratung von
Simone Adler (Pirna), Christiane Blume (Torgelow), Dagmar Diewald (Altenburg),
Colette Hoffmann (Magdeburg), Katrin Junghänel (Zwickau), Heike Keitel (Wittenberg),
Sigrun Nowak (Hohen Neuendorf), Gerhild Schenk (Werneuchen)

Redaktion: Kirsten Pauli, Margit Engler, Gerhild Schenk
Illustration: Barbara Schumann, Uta Bettzieche (Hund und Detektiv)
Umschlaggestaltung: tritopp, Berlin; Barbara Schumann, Gerhard Medoch, Uta Bettzieche
Layout und technische Umsetzung: tritopp, Berlin

Quellen
Seite 26 und 31: Gebrüder Grimm: Kinder- und Hausmärchen. Druck und Verlag der Dieterichischen Buchhandlung, Göttingen 1843. Band 1

Die Lernstandserhebungen finden Sie unter
www.cornelsen.de
als Download beim Arbeitsheft.

www.cornelsen.de

Alle Drucke dieser Auflage sind inhaltlich unverändert
und können im Unterricht nebeneinander verwendet werden.

© 2011 Cornelsen Verlag, Berlin
© 2017 Cornelsen Verlag GmbH, Berlin

Das Werk und seine Teile sind urheberrechtlich geschützt.
Jede Nutzung in anderen als den gesetzlich zugelassenen Fällen bedarf der vorherigen schriftlichen Einwilligung des Verlages.
Hinweis zu §§ 60a, 60b UrhG: Weder das Werk noch seine Teile dürfen ohne eine solche Einwilligung an Schulen oder
in Unterrichts- und Lehrmedien (§ 60b Abs. 3 UrhG) vervielfältigt, insbesondere kopiert oder eingescannt, verbreitet oder
in ein Netzwerk eingestellt oder sonst öffentlich zugänglich gemacht oder wiedergegeben werden.
Dies gilt auch für Intranets von Schulen.

Druck: Athesiadruck GmbH

1. Auflage, 10. Druck 2021   1. Auflage, 5. Druck 2015
Arbeitsheft   Arbeitsheft + CD-ROM
ISBN 978-3-06-080720-8   ISBN 978-3-06-080723-9

PEFC zertifiziert
Dieses Produkt stammt aus nachhaltig
bewirtschafteten Wäldern und kontrollierten
Quellen.
www.pefc.de
PEFC/18-31-166